तिरंगे का चौथा रंग

मनोज कुमार सिंह

BookLeaf Publishing
India | USA | UK

Made with ❤ on the BookLeaf Publishing Platform
www.bookleafpub.in
www.bookleafpub.com

Dedication

मां के लिए

जो जीवन से परिपूर्ण थीं,

जो और जीने की हकदार थीं।

******

Preface

कविता लेखन स्वयं के तथा समाज के विभिन्न अनुभवों को शब्द प्रदान करने की विधा है। कई बार किसी कविता को पढ़कर ऐसा लगता भी है जैसेकि यह मेरी ही आपबीती हो। कविता की सफलता यही है कि वह स्वयं को जनमानस से जोड़े और उसके अंतर्मन को स्पर्श करे। कविता के इस लघु संकलन में लघु कविताएं भी हैं और कुछ बड़ी भी परंतु प्रयास आपके अंतर्मन को छूने का है। प्रयास सरल शब्दों के प्रयोग व सरल भाषा भाव के साथ अनुभवों को व्यक्त करने का है। आपके साहित्यिक रुझान और रुचि को यह संकलन और बढ़ा पाए तो यह इसकी सफलता होगी।

Acknowledgements

1. तिरंगे का चौथा रंग

कपड़े
हमारे तन नहीं
और नंगे हो रहे तुम
हमारे पांव चप्पल नहीं
और जमीन गर्म हो रही
तुम्हारे नीचे
हमारी ऐंठती अंतड़ियां
तुम्हारे पेट में
दर्द का सबब बनेंगी
हमारे पीठ लदी गठरी
तुम्हारे पापा की गठरी को
भारी करेगी
हमारे बदन का पसीना
एक दिन
तुम्हारी आंखों से बहेगा
हमारे घावों से रिसता लहू
तिरंगे में रंग भरेगा
तिरंगे का ये चौथा रंग
तुम्हारी किस्मत तय करेगा।

******

2. युद्ध

ज़िदगी के युद्ध में
एक हूँ अबुद्ध मैं ।
लड़ रहा,मैं भिड़ रहा
परायों के समुद्र में ।
बन रहा और मिट रहा
किंचित् नहीं क्षुब्ध मैं ।
जीत हो कि हार हो
या फिर सिंहद्वार हो,
कई समर गुजर गये
किंतु नहीं सुस्त मैं ।

हारना जाना नहीं
जीत मैं पाया नहीं,
लड़ रहा हूँ आज भी
युद्ध मैं अकेले ही।

तुम नहीं थे आसपास
तुम नहीं थे मेरे साथ ।
रक्तरंजित युद्धक्षत
शरीर मेरा युद्धरत।

तलाश शीतल छांव की
तो बस तलाश थी,
कल भी थे अजनबी
आज भी तुम अजनबी।
अपनों से हारकर भी
हूँ नहीं मैं आहत।

कई युद्ध कई समर
कई रास्ते कई डगर।
हारना सीखा नहीं
जीत मैं पाया नहीं ।
लड़ रहा हूँ आज भी
युद्ध मैं अकेले ही।
****

3. ज़िंदगी

कुछ बुतों के
चेहरे नहीं बनाए जाते
कुछ गीत
तरन्नुम में नहीं गाए जाते
कुछ कहानियां
अधूरी छोड़ने में भलाई है
ज़िंदगी
कब,किसे, कहां
समझ आई है।
****
मनोज

4. दस्तक

तुम्हारे दिल के
दरवाजे खुले हों
खिड़कियां हवादार हों
रोशनी भरपूर आती हो
तो
मेरे दिल पर
दस्तक देना।
******

5. जानता हूं

मैं तुम्हें जानता हूं
तुमने ही काटे थे वो पेड़,
छीना था
परिंदों का आशियाना
कि तुम बना सको कागज
और लिख सको कि
वृक्ष ज़रुरी हैं
जीवन के लिए
मैं तुम्हें अच्छे से
जानता हूं।

****

6. चीख

जिन्हें बनना था
जुबां
वो लोग बिक गए
जिन्हें सुनानी थी
दास्तां
वो शाम सो गए
हलक को फाड़िए
और जोर से चीखिए
जब तक
महलों की नींव
हिल जाए
दरो दीवार गिर जाए।

******

7. नींद आ जाए

मेरे सपनों ने मुझे उम्र भर
सोने न दिया
ऐसा कोई ख़्वाब दे कि
नींद आ जाए
मेरे क़दमों ने मुझे दम भर
रुकने न दिया
कोई इक पड़ाव दे कि
नींद आ जाए
बच्चों की परवरिश, तालीम
और फ़िर ये ज़िंदगी
काश ऐसा मोड़ ले कि
नींद आ जाए
ज़िंदगी जी गई है, जी जा रही है
और जी जाएगी
अब मौत आएगी तभी शायद
नींद आ पाए।

****

8. पापा की छड़ी

पापा!
आपकी छड़ी
बहुत याद आती है !

दो दुनी चार से
नौ नवा इक्यासी के सफर में
जो पड़ी
बहुत याद आती है !

पापा
आपकी छड़ी
बहुत याद आती है !

भइया जो तेज था
जिसको सब याद था!
खाता तो वो भी था
भले मेरे बाद था।
गलतियाँ सारी
छोटी बड़ी

बहुत याद आती हैं !

पापा
आपकी छड़ी
बहुत याद आती है !

छड़ियों ने रुप बदला
काम नहीं !
'समझावन' उनका ऐसे ही था
नाम नहीं !

अक्सर ,
अपने लिये अपने पसंद की
लानी पड़ती थी !
पतली से ज्यादा लगती थी
मोटी ज्यादा चलती थी !
सट सटासट की वो
तड़तड़ी याद आती है !

पापा
आपकी छड़ी
बहुत याद आती है ।

आवश्यकताओं का
पदसोपान
आप से ही सीखा !
और इच्छाओं का

अनंत होना भी !
चादर में पाँव रखना भी
और चादर
लंबी करना भी !
त्योहारों पर
उपहारों की
झड़ी याद आती है !

पापा
आपकी छड़ी
बहुत याद आती है !

कोने में खड़ी
पापा आपकी छड़ी
मैंने उठाई,
और खुद को चार लगाई!
कि मैंने अब तक
क्यों इसे अपनाया नहीँ
ताडयेत दशवर्षाणि
के सिद्धांत
बच्चों को समझाया नहीं !
'समझावन' की महत्ता
मेरे जीवन की थाती है ।

पापा
आपकी छड़ी
बहुत याद आती है !

सट सट से
ठक ठक तक
'समझावन' से
सहारा तक
हर किरदार निभाया है ,
पापा आपकी छड़ी ने
हमें जीना सिखाया है!
सफलता के शिखर पर
चौड़ी अपनी छाती है !

इसलिए पापा
आपकी छड़ी
बहुत याद आती है।

----

9. तन्हा है इंसान

जब कहारों ने
लूट ली डोलियाँ,
चीखों में ढल गईं
अठखेलियाँ!
तुम
वहाँ भी तो होगे
भगवान !

जब बाड़ चर गये
बालियाँ,
मांझी ने डुबो दी
कश्तियां!
तुम
वहाँ भी तो होगे
भगवान !

भरोसे के प्रहरी
भरोसा तोड़ें
तिफ़्ल को माता
तन्हा छोड़े

तीर प्रत्यंचा
को ही काटे
और पुत्र
पिता का लहू चाटे!
कौन तुम्हें , क्यूँ
ईश्वर माने!
तुम नहीं हो
कहीं भगवान !
यहाँ पर तन्हा है
इंसान!

----

10. प्यार

प्यार
अगर एक एहसास न होता
तो शायद
एक बड़ी दीवार पर
एक छोटी खिड़की होता
जिससे छन कर गुनगुनी धूप आती है
या फिर मेरे गाल पर
तुम्हारी हथेली का स्पर्श
जिसकी गर्मी मुझे जगाती है
यूं भी होता कि जैसे
तुम्हारे चेहरे पर
बिखरी लट को
मैं हटाता
तुम पर कविताएं लिखता
तुम्हारे पोर्ट्रेट बनाता
तुम्हारे लिए गुनगुनाता
तुमसे यूं दूर रहकर भी
खुद को
तुम्हारे करीब पाता
प्यार

अगर एक एहसास न होता
तो ये सब होता ।

मनोज

11. ख़ामोशी की आवाज़

बख़्तरबंद ट्रकों
की गुर्राहट
और फ़ौजी बूटों की
ठकठकाहट
ये बताती है कि
वादियों में
ख़ामोशी की भी
इक आवाज़ होती है।
****

12. तंत्र

जो भी थे वो सभी
तो तुमने मार खाए ,
दरख्तों से उड़ाने को
अब परिंदे कहां से लाएं।
ठंड से मर गया मुफलिस
तो उसे चादर मिली,
'लोकतंत्र' भले ही मर जाए,
'तंत्र' न मरने पाए।

****

मनोज

13. जीभ

ये दांत
खाने के
और दिखाने के
उनके ही हैं!
बात...
तब समझ आई थी,
जब वही जीभ
दोनों के बीच
लपलपाई थी!!
----

14. ज़िंदगी दर ज़िंदगी

परत
दर परत
ज़िंदगी
उधड़ती जा रही है!
जैसे स्वेटर का
कोई सिरा
किसी पेड़ की टहनी में उलझ कर
खिंचता चला जा रहा हो!
सिनेमास्कोप की तरह
आँखों के सामने
स्लाइड दर स्लाइड
खत्म होती ज़िंदगी!
हर स्लाइड के साथ
उम्मीदों का जीवन मृत्यु!
हर स्लाइड के साथ
जीवन की नई परत,
हर स्लाइड के साथ
जीवन की नई मृत्यु!
ज़िंदगी की
अपनी रफ़्तार,

ज़िंदगी की अपनी
'ज़िंदगी'
चलती जा रही है!
------------------------- मनोज

15. यादें

तुम्हारी यादों की
उर्वरा
नित नए जन्म देती है।
और मैं उन्हें
अपनी रचना
कह देता हूं।
******

16. तो तुझे मोहब्बत है

मुझे तेरे दर्द से क्या लेना
मेरी तो आदत है मजा लेना
कभी तेरी गुरबत से
कभी ज़िल्लत से
कभी मोहब्बत से
जी बहला लेना,
मेरी फितरत है।
मेरे झांसे में मत आ
कि मैं आदमी अच्छा नहीं
बता रहा हूं देख
ये मेरी शराफ़त है।
फिर भी न समझा
तो तेरी किस्मत है
फिर भी न माना
तो तुझे मोहब्बत है।
****

17. ब्लैक होल

मेरे अंधेरे
चिर स्थायी हैं,
कि तुम्हारा सूरज
चमकता रहे।
तुम अपने सूरज
कब तक नहीं बांटोगे?
एक दिन
मेरी ज़िंदगी का ब्लैक होल
तुम्हारे सूरज निगल लेगा।
****

18. जीना एक कला है

जीना एक दुरूह कला है
संघर्षों का सिलसिला है!
हँसना रोना पाना खोना
बहुत कभी थोड़ा मिला है!

ऐसे में लाजिम है कि,
ज़मीर अपना बचाए रखिये!
पग पग पर है अग्निपरीक्षा
पल पल सामने चक्रव्यूह है!
ऐसे में मछली की आँख पर
निशाना अपना बनाए रखिये !

झंझावात और तूफ़ानों से
सामना ही एकमात्र रास्ता है,
लड़ते रहिये भिड़ते रहिये
हौसला बनाये रखिये!

दुनिया की ये भीड़ अजीब है,
दोस्त दूर दुश्मन करीब है!
रास्ता चुप और सफर खामोश

मंजिल मौत है, यही नसीब है!
अपने जो हैं बहुत ही कम हैं
उनको अपना बनाये रखिये !
जीवन एक सुंदर बला है
अपना चरित्र बचाये रखिये !
जीना एक दुरूह कला है!!

----

19. अमृत

जहर बाजार में दो टके में
अमृत के लिये सागर मंथन !
जहर फैलने पर ,कहाँ पाबंदी ?
अमृत को है कलश का बंधन!
तू है प्यासा अमृत का पर
जहर पीने को है मजबूर !
अमृत कहाँ किसे मिलता है?

----

20. सत्ता

सत्ता चाहिए!
सत्ता चाहिए!
सांसद का भत्ता चाहिए!
भरपेट
पावर चाहिए!
कुर्सी चाहिए,
मुट्ठी में
उसका हत्था चाहिए!
गाड़ी चाहिए,
एस्कोर्ट का काफिला चाहिए!
इसीलिए....
आज मुझे,
जनता चाहिए,
रैली में रेला चाहिए।
जुलूस चाहिए,
मेला चाहिए!
नफ़रत चाहिए
उन्माद चाहिए
जातियों में
बवेला चाहिए!

गिरगिट की चमड़ी चाहिए,
साधु का चोला चाहिए।
खून पानी चाहिए
जीभ रामबोला चाहिए!
सत्ता चाहिए!
सत्ता चाहिए!
सरकारी उड़नखटोला चाहिए!

----

21. मेरा यकीं

मेरी आंखें ढूंढती हैं
तेरे कदमों के निशां !
जो कुछ नहीं मिला
तो भी यकीं मुझे रहा !
तू आया तो था,
मेरे दिल की राह गुजर से
गुजरा भी तू ही !
कदमों के निशान तेरे
फिर मिलते क्यों नहीं?
तेरे आने का मुझको
इस कदर था यकीं !
तू हवाओं पे चला होगा
या रेत पर कहीं!
यह विश्वास मेरा तुझ पर
कायम यूं ही रहे!
मैं जिंदा रहूं न रहूं
मौत आए सही!
